AF438304

OU NOUS EN SOMMES

———⋆———

OU NOUS IRONS

OÙ NOUS EN SOMMES

OÙ NOUS IRONS

OU NOUS EN SOMMES

OU NOUS IRONS

Parvenir à leur but idéal et insensé, sans se préoccuper ni des moyens à employer pour y arriver, ni de leur honorabilité, voilà où tendent toutes les vues de ceux qui prétendent nous gouverner.

Les moyens! on doit avouer qu'ils ne sont pas très délicats sur le choix, et que la réussite de leurs projets est leur seul et unique objectif.

Arriver, être placés, voilà l'espoir des milliers de candidats fonctionnaires qui se succèdent les uns aux autres à chaque changement de ministère.

La famine physique n'est rien auprès de celle qui étreint ces malheureux, pareils à la marée montante, dont le flot toujours grossissant menace de submerger les congénères repus et satisfaits.

Semblable à une meute affamée, cette cohue

de quémandeurs trouve toujours la curée trop maigre.

Flatter les appétits des déclassés, caresser les ambitions véreuses mais dévouées par intérêt, satisfaire les gloutons politiques en juste décon- fiture, telle est l'occupation des gens au pouvoir.

Ministère de nullités : voilà le cabinet actuel issu d'un replâtrage opéré, à la stupéfaction du public, avec des personnalités qui se sont jadis mutuellement tiré dessus, le tout couronné par un timbre composteur perfectionné, machine à signatures, être irresponsable, qui, gaillardement et d'un cœur vraiment trop léger, se lave les mains des ignominies morales qu'il signe pour conserver sa place.

Si l'avenir du pays, de la France, n'était pas en jeu ; si nos institutions capitales ne croulaient pas déjà sous les efforts réitérés de nos vandales politiques, il suffirait de laisser agir encore quel- que temps ; l'écume sociale, qui se remue en ce moment, se chargerait de liquider trop com- plètement la situation.

Mais on légitime les actes les plus arbitraires, on codifie les lois les plus iniques, pour flatter celui qui jadis, dans Rome païenne, réclamait : *Panem et circenses !*

A ce degré d'avilissement, de plate et coupable complaisance, il faut un revirement complet dans les idées égarées, affolées par l'énumération d'utopies économiques aussi coupables. qu'insensées.

Il faut un retour puissant vers la saine morale, trop longtemps oubliée ou mise de côté, un retour à la conception rationnelle des choses.

Sans ce revirement nécessaire, indispensable, l'effondrement complet sera un fait acquis, du moins en voie d'exécution.

On ne discute plus aujourd'hui à la Chambre : une majorité apparente opprime une minorité fictive.

On ne s'inquiète plus de la légalité, de la moralité, surtout, de certaines satisfactions matérielles, de pur amour-propre personnel.

Mettant en pratique les théories subversives qu'ils entendent journellement prôner, et qui ne tendent qu'à flatter, tout en leur faussant le jugement, les masses ignorantes ou prédisposées au mal par de précédentes excitations aux prétendues revendications sociales, une foule de personnes cherchent à atteindre ce maximum de satisfaction et de bien-être, quitte à renverser tous les obstacles moraux et même légaux qui s'opposent à leur réalisation.

On met de côté les saines maximes, les enseignements si précieux de nos pères, sous l'odieux prétexte qu'ils ont fait leur temps.

On abolit de gaieté de cœur les garanties si morales et surtout si chrétiennes du mariage, pour faire de cet acte sublime un vil et bestial accouplement.

On ne veut plus de devoirs : on n'accepte que les roses de la vie : fi des épines !

La famille, on n'en veut plus ; la justice, on la suspecte ; l'armée, on en détruit journellement les éléments vitaux : je ne parle pas de la religion, qu'on persécute ouvertement ; des catholiques, que les athées, aujourd'hui tout-puissants, traquent impitoyablement.

Oui, les catholiques sont persécutés. Quel autre nom donner, en effet, à cette loi funeste et liberticide de l'enseignement sans Dieu, que celui de persécution ?

Faire de la génération naissante une pépinière de libres penseurs, d'athées, voilà le but infâme poursuivi par Paul Bert et ses adeptes.

Des conséquences pouvant en résulter, il leur importe peu.

En voulant créer une jeunesse républicaine, ils transformeront nos enfants en mauvais fils, mauvais époux, mauvais pères, mauvais citoyens.

Comment ne pas nommer persécution religieuse cette loi inique et attentatoire à nos droits sacrés de pères de famille, véritable pensée de Satan vomie de l'enfer ?

Comment ne pas flétrir, ne pas clouer au pilori de l'opinion, ces hommes qui cherchent à salir l'âme de nos enfants ; ces hommes sans entrailles, qui poursuivent journellement les pères de famille assez malheureux pour être obligés de servir un gouvernement pareil ?

Il faut du pain : l'âge souvent ne leur permettrait pas de briser leur carrière administrative pour se livrer à d'autres occupations rémunératoires : on profite de leur embarras terrible pour peser iniquement sur leurs croyances religieuses, sur leurs sympathies pour l'école de Dieu.

Alors, résultat épouvantable : ces malheureux, dans la crainte d'une disgrâce qui leur ôterait le pain journalier, envoient leurs enfants à cette école sans Dieu, dont ils maudissent l'établissement au fond de leur cœur.

Détruire est œuvre facile ; mais par quoi remplacer ?

Nous sommes obligés aujourd'hui d'assister impuissants, mais profondément désolés, à la ruine de la morale économique et religieuse, engloutie momentanément, il faut l'espérer, sous les flots déchaînés des passions sociales inassouvies.

Les élections, dont on se sert tant pour déterminer les desiderata du pays, qu'ont-elles prouvé jusqu'ici ?

C'est que le quart à peine, et souvent moins, des électeurs inscrits émet des votes.

On ne peut donc pas dire, comme le prétendent certaines feuilles intéressées, qui le crient bien fort pour qu'on les croie, que la Chambre actuelle soit la représentation loyale du pays par le pays.

Depuis son renouvellement, nous assistons à ce spectacle inouï de la gauche et de la droite s'unissant, dans un mutuel sentiment de dégoût, contre ces ministres de fantaisie qui subissent, au vu et au su du public, les impulsions de tel ou tel dictateur en raccourci.

Après avoir cherché à soustraire nos enfants à l'influence salutaire de la famille, ils ont attaqué de front l'édifice catholique tout entier.

Après les fidèles, les pasteurs.

Plus d'indépendance religieuse : semblables aux popes russes, nos prêtres devront dorénavant, s'ils ne veulent pas se voir supprimer arbitrairement le modique traitement qui leur est dû, s'incliner servilement devant le pouvoir établi.

L'existence d'un pouvoir est bien compromise quand, au lieu de chercher à atténuer les secousses morales actuelles, il en provoque de nouvelles.

Notre situation extérieure est-elle meilleure que celle de l'intérieur?

Jadis, nous n'avions qu'à élever la voix dans le concert européen pour que nous fussions écoutés et nos avis reçus avec une déférence marquée.

L'opinion de nos représentants diplomatiques était toujours prépondérante, parce qu'on savait la patrie capable de soutenir cette parole avec cette redoutable épée dont personne n'ignorait ni la valeur ni le poids.

Qu'est-il donc advenu de cette situation si magnifique, si enviable? La politique des hommes du 4 septembre l'a entamée, la république l'a tuée.

Aujourd'hui, les puissances européennes nous bernent avec une audace à nulle autre égale; elles considèrent d'un œil de mépris les luttes intestines qui nous déchirent, et nous sommes obligés de tout supporter parce que, depuis onze ans, on gaspille nos épargnes nationales et que l'armée, dont le rôle sublime serait de couvrir de l'ombre du pavillon l'honneur de la France, sans chefs connus ni aimés, sans organisation sérieuse, est réduite à l'impuissance.

Entendez cependant nos trop fameux politiques actuels.

A les en croire, nous avons une armée formidable, la première du monde, et si nous sommes si plats devant les autres puissances de l'Europe, il n'y a qu'une seule raison : la promesse faite aux électeurs de leur éviter la guerre.

Facile défaite, arguments spécieux, qui n'attrapent que les aveugles volontaires, que ceux pour qui la république est une nécessité impérieuse, ceux qui en font leur caissière complaisante.

Nous n'oublions pas, nous autres, combien ces administrateurs, soi-disant habiles, ont eu de peine à mettre 20,000 hommes en ligne, pour les opposer aux bandes indisciplinées des Arabes de la Tunisie.

Faut-il rappeler qu'à peine un mois leur a suffi pour créer ce petit corps expéditionnaire ?

Pour composer cette armée, n'a-t-on pas désorganisé, avec un sang-froid remarquable, non seulement une grande partie des corps d'armée, mais encore tous les régiments ?

Quant au résultat, nul n'ignore qu'en cette aventure nous avons joué le rôle du chat de la fable, qui tire pour son copain les marrons du feu.

En nous emparant de la Tunisie, car le protectorat déclaré n'est qu'une prise de possession déguisée, nous avons accru le service de la dette, déjà assez respectable, et qu'il était bien inutile d'augmenter en se lançant dans des aventures aussi aléatoires.

De plus, nous nous sommes créé, vis-à-vis des puissances garantes des capitulations, des devoirs sinon humiliants, du moins fort complexes.

Nous possédons l'Algérie depuis cinquante années, et notre prépondérance méditerranéenne, jadis incontestée, est devenue purement nominale.

D'ailleurs, qu'avons-nous récolté de cet accroissement de territoire colonial? De nouvelles obligations budgétaires, des froissements entre notre chancellerie et les cabinets étrangers.

Mais si notre attitude vis-à-vis de l'extérieur est si humble, si extraordinaire, à qui la faute?

D'ailleurs, leurs occupations intérieures leur laissent peu de temps de reste pour s'intéresser de l'horizon politique, pourtant bien menaçant.

L'exécution des décrets : voilà leur besogne, celle qu'ils préfèrent.

Parler des décrets, du siège inénarrable des maisons religieuses, c'est raviver au cœur des catholiques une plaie encore saignante et bien cruelle.

Vit-on jamais exécutions plus iniques, plus barbares?

Pour contenter quelques athées exaltés, dignes tout au plus de faire l'ornement d'un cabanon de fous, on viole sans mandat régulier le domicile légal d'honnêtes gens, de citoyens intègres, à qui l'on n'a qu'un seul et ironique reproche à adresser : ils sont charitables, bons pour les déshérités de la fortune, ils soignent et relèvent, souvent sous une grêle de balles, nos soldats qui tombent au champ d'honneur, secourent nos malades dans les hôpitaux et ouvrent leur bourse à toutes les infortunes !

Ce sont ces admirables religieux qui défrichent et rendent fertile la région des Dombes, jadis pestilentielle ; ce sont eux qui, en Algérie, ont créé ces admirables colonies de défrichement qui font l'honneur de cette seconde France.

N'est-ce pas eux encore qui soutiennent l'honneur de la France dans cette Palestine encore humide du sang des croisés ?

De tels états de service devraient leur être comptés.

Il n'en peut être ainsi : ceux qui ont amnistié les gredins de la Commune, ceux qui leur ont ouvert la porte du bagne, ceux-là ne pouvaient faire autrement que de chasser les innocentes victimes des bourreaux qui rentraient.

Après les congrégations d'hommes, les couvents de femmes : ceux qui nous gouvernent sont logiques ; agir autrement eût été, selon eux, d'un fâcheux effet.

Et pourtant que de fois ces saintes filles n'ont-elles pas calmé, par de douces et consolantes paroles, les cuisantes douleurs du pauvre abandonné sur un lit d'hôpital !

Filles vaillantes, que le fléau trouve toujours héroïques au poste du danger, par qui les a-t-on remplacées?

Par des mercenaires laïques, la plupart du temps mères de famille, qui, partagées entre l'attrait du gain et l'effroi qu'elles ressentent devant l'épidémie en pensant aux leurs, embarrassent plutôt qu'elles n'aident les chefs de clinique, qui tous déclarent que les sœurs sont indispensables dans leurs hôpitaux.

Pour arriver à consommer de pareilles iniquités, nos gouvernants ont entassé, selon leur louable habitude, mensonges sur mensonges.

Cette manière de procéder pour atteindre le but qu'ils convoitent n'est pas nouvelle.

Ne nous disait-on pas, en août 1881, par dépêches officielles, que les bruits de guerre qui circulaient n'étaient que des machines électorales lancées par les candidats conservateurs dans l'intérêt de leurs candidatures?

On allait même, dans ce document officiel, jusqu'à menacer impudemment de peines correctionnelles les propagateurs de ces soi-disant fausses nouvelles.

Pourtant, à cette époque, les tribus de la frontière algérienne devenaient agressives, le sang français avait déjà coulé sur les confins de la Tunisie.

On avait déjà précédemment menti, on mentait alors, et l'on ment encore aujourd'hui quand on présente au public nos relations extérieures comme excellentes.

Se payer de mots à double entente n'est pas, quoi qu'en disent certains esprits retors, mais faussés, rendre hommage à la vérité.

Nos Escobars modernes appellent excellentes relations politiques avec toutes les puissances continentales les démêlés en Tunisie avec l'Italie, la reculade mémorable de nos cuirassés à Alexandrie, sans compter les nouvelles difficultés avec les Howas de Madagascar, où notre pavillon, insulté publiquement, n'a pas encore reçu la juste réparation due à une injure aussi grave.

Peut-on supposer que toute l'Europe monarchique puisse voir d'un œil satisfait notre belle France devenir la patrie hospitalière de toute la racaille internationale, qui, chassée de partout, trouve chez nous des gens assez insensés pour l'accueillir à bras ouverts ?

Ils ne comprennent pas qu'ils accumulent volontairement l'orage sur une foule d'innocents, et qu'ils seront eux-mêmes les premières victimes de l'explosion qu'ils amèneront insensiblement à se produire.

En douze années néfastes ils ont tout détruit, tout renversé ; des institutions dix fois séculaires, l'honneur, la gloire de la France, sont devenues la proie de ces tard-venus.

Leur programme est de tout détruire ; quant aux moyens de réédifier sur de meilleures bases, s'ils en connaissent de préférables, ils n'y pensent même pas.

Semblables aux Vandales, dont ils sont les dignes successeurs, ils ne savent semer que des ruines sur leur passage.

Où allons-nous ?

Voilà ce que se demande l'honnête homme.

Aller vers l'inconnu, nous en avons assez ; nous ne voulons plus vivre de la sorte.

Nous avons le droit de connaître le but poursuivi par ceux qui se prétendent nos mandataires.

Voilà pourquoi il est essentiel que tous les conservateurs, à quelque parti qu'ils appartiennent, se groupent, se coalisent, pour arriver à enrayer légalement la marche ascendante du radicalisme et du socialisme, c'est-à-dire la négation de tout : ni Dieu, ni devoirs, ni propriété, ni famille, que sais-je : le retour au chaos.

De demi-mesures, il n'en faut plus. Il s'agit

de combattre résolument et en face l'hydre sociale, cette gangrène morale que des misérables
sans vergogne inoculent peu à peu à nos popu-
lations, jadis si sages et si rangées.

Faute de quoi nous assisterons, cela est indis-
cutable, et à brève échéance, à une de ces ca-
tastrophes qui épouvantent encore longtemps
après, rien que par leur récit, les générations sui-
vantes.

Gendrey, 28 novembre 1882.

Vte Max FRESSON.

BESANÇON, IMPR. DE P. JACQUIN.